Was ist mir heilig?

Als ich vor einiger Zeit nach einem Vortrag in einem Internet-Chatroom Fragen vieler Leserinnen und Leser beantwortete, wurden immer wieder Fragen nach dem Heiligen gestellt – vor allem: Wie kann ich heilig werden?

Es hat mich gewundert, dass diese Frage so oft auftauchte – während der vielen Jahre meiner Tätigkeiten als Seelsorger hatte mir bislang niemand diese Frage gestellt.

Dietrich Bonhoeffer schreibt von der Begegnung mit einem jungen Priester, der diese Sehnsucht mit dem Wort ausdrückte: »Ich will ein Heiliger werden.« Bonhoeffer grenzt sich davon ab, indem er ihm antwortet: »Ich möchte ein Glaubender werden.«

Heilig werden, das fasst offensichtlich die Sehnsucht vieler Menschen in Worte, das Heilige in sich zu entdecken, nicht einfach aufzugehen im Weltlichen, sondern mitten in der Welt etwas in sich zu finden, was heilig und unverbraucht ist.

Heute hören wir oft Klagen darüber, dass unsere Zeit den Sinn für das Heilige verloren hat. Doch wenn wir genauer hinhören, entdecken wir auch in unserer Zeit die Sehnsucht nach dem Heiligen. Junge Menschen sprechen sogar relativ oft von dem, was ihnen heilig ist: Dem einen ist beispielsweise der Ring heilig, den ihm seine Freundin geschenkt hat. Dem anderen ist sein abendliches Bier heilig. Einem Dritten ist sein Stofftier heilig, das er schon als Kind geliebt hat.

Menschen sagen gern, etwas sei ihnen heilig. Sie meinen damit, es sei ihnen wertvoll, es vermittle ihnen das Gefühl von Heil, von Geborgenheit, von Liebe, von etwas Besonderem, das ihr Leben durchdringt. Wenn einem zum Beispiel die Pfeife des verstorbenen Großvaters heilig ist, dann drückt er damit aus, dass mit dieser Pfeife etwas anderes in sein alltägliches Leben hineinleuchtet: die Erinnerung an den Großvater, der ihm so viel bedeutet hat, an dessen Art und Weise, wie er mit seiner Pfeife umgegangen und das Rauchen zelebriert hat, wie er sich Zeit lassen konnte und dass er ein wunderbarer Erzähler war. Die Pfeife ist dem Enkel nun heilig, weil sie seinem Leben den Glanz des Heilen und Ganzen vermittelt.

Das Wesen des Heiligen

Es gibt im Laufe der Geschichte viele verschiedene Aspekte des Heiligen:

Im alten Griechenland ist das Heilige das Unbefleckte und Vollkommene. Das wichtigste Kennzeichen des Heiligen ist bei den Griechen die Lebendigkeit und die heilende und lebensspendende Macht. Das Heilige wirkt. Es trägt in sich eine Macht, die den Menschen zutiefst berührt. Auf das Heilige soll der Mensch mit Ehrfurcht und Scheu antworten. Platon, der größte griechische Philosoph, sieht das Heilige als sittliche Vollkommenheit. Letztlich ist der Mensch heilig, der sich nach Gott ausrichtet.

Die alten Römer leiten das lateinische Wort »sanctus«, das heißt »heilig«, vom Wort »sancire« ab, das »absondern« und »abgrenzen« bedeutet. Das Heilige wird von anderen Gegenständen, heilige Orte von weltlichen Bezirken abgegrenzt. Das, was vor dem Heiligtum ist – also außerhalb des heiligen Bezirks –, nennen sie dagegen »profan«.

Das Heilige ist somit das Abgesonderte. Es ist das, was der Welt entzogen ist. In diesem Sinne ist es auch heute ein heilsamer Begriff. Wir brauchen das Heilige, über das die Welt keine Macht hat, weil es nicht vom Terror dieser Welt, vom Terror der Termine und Erwartungen bestimmt wird.

Für die alten Griechen vermag nur das Heilige zu heilen. Der Ursprung der griechischen Heilkunst lag darin, dass die Menschen zum Heiligtum gepilgert sind und dort im Tempel, im heiligen Bezirk, geschlafen und heilende Träume erlebt haben. Dies gilt auch heute noch: Nur dort, wo wir mit dem Heiligen in Berührung kommen, kann wirkliche Heilung geschehen.

Für die Juden ist vor allem Gott der Heilige. Das Heilige hat hier immer mit Gott zu tun. Alles, was Gott berührt, ist heilig. Und was er befiehlt, das müssen die Menschen heilig halten. Gott als der Heilige ist immer der von Glanz und Herrlichkeit Umstrahlte. Heiligkeit hat für die Juden etwas mit Schönheit zu tun. Das Heilige ist immer das Glänzende. Im Heiligen tritt Gott, der Unsichtbare, in unsere Welt ein, damit wir ihn erfahren dürfen.

Das Heilige in sich entdecken

Die Mystiker sprechen davon, dass in jedem von uns so ein abgegrenzter Bezirk ist, ein heiliger Raum, ein Raum der Stille, zu dem unsere Gedanken und Emotionen keinen Zutritt haben.

In diesem inneren Heiligtum wohnt Gott in uns. Dort, wo Gott in uns wohnt, sind wir heil und ganz, dort sind wir frei von der Macht der Menschen, von ihren Erwartungen und Ansprüchen, von ihren Urteilen und Verurteilungen.

Im Gebet – so sagen die Mystiker – geht es darum, diesen inneren Raum des Schweigens in sich zu entdecken. Evagrius Ponticus, einer der wichtigsten geistlichen Schriftsteller im frühen Mönchtum, nennt diesen inneren Raum »Ort Gottes«, weil Gott selbst ihn als Wohnort im Menschen gewählt hat. Und er nennt ihn außerdem »Jerusalem«, das heißt übersetzt »Stadt des Friedens«. Denn dort, wo Gott in uns wohnt, kommen wir in Einklang mit uns selbst, dort herrscht der Friede Gottes.

Viele fragen mich immer wieder: Wie komme ich in Berührung mit diesem Heiligen in mir? Sie sind fasziniert von der Idee dieses inneren Raumes der Stille, aber sie finden keinen Zugang dazu.

Zunächst dürfen wir die Erwartungen an die eigene Erfahrung nicht zu hoch stecken. Ich kann diesen Raum immer nur einen Augenblick lang erfahren, man kann ihn nicht festhalten. Im nächsten Augenblick spüre ich nichts mehr davon.

Für mich persönlich ist hier die Meditation ein Weg. Ich lasse mich durch den Atem und durch das Wort, das ich mit dem Atem verbinde, in diesen inneren Raum der Stille führen. Mir hilft allein schon die Vorstellung, dass dieser Raum in mir ist. Manchmal spüre ich ihn. Aber auch wenn ich ihn nicht spüre, gibt mir das Bild dieses inneren Heiligtums ein Gespür von Freiheit und Weite, von Heiligem und Heilem.

Mitten im Trubel der Arbeit weiß ich dann: Es gibt etwas in mir, zu dem die Konflikte des Alltags nicht vordringen können. Das Heilige in mir ist dem Zugriff der Welt entzogen. Diese Vorstellung ändert mein Gefühl: Ich fühle mich nicht mehr bedroht von der bedrängenden Nähe der Probleme und Konflikte, und von der Nähe fordernder Menschen. Allein die Ahnung von dem Heiligen in mir schützt mich vor dem Unheil der Welt.

Es ist wie ein innerer Zufluchtsort, in den ich mich – wenn auch nur für einen kurzen Augenblick – immer wieder zurückziehen kann.

Das Heilige in mir schützen

In einem Vortrag für ausgebrannte und erschöpfte Seelsorger und Seelsorgerinnen spricht Henry J. M. Nouwen, der niederländische Theologe und Psychologe, über den Grund für ihr Ausgebranntsein, und meint, der Grund dafür liege darin, dass sie ständig die Türe ihres Ofens, den Zugang zu ihrem inneren Heiligen also, offen haben. Dagegen versteht er geistliches Leben, Gebet und Meditation, als Weg, das innere Feuer des Heiligen zu hüten.

In der Meditation gehe ich nach innen, da verschließe ich die Türe, damit das innere Feuer in mir aufflammen kann. Das innere Feuer ist für mich ein Bild für das Heilige in mir. In mir brennt das Feuer der göttlichen Liebe. Und dieses Feuer muss ich schützen, indem ich die Türe verschließe, durch die so viele Gedanken und Emotionen in mein inneres Haus eindringen möchten.

Mir persönlich hilft dabei die folgende Gebärde und Übung:

Ich kreuze meine Arme vor der Brust, lege meine Hände auf die Schultern. Ich stelle mir dabei vor: Ich verschließe die Türe. Die gekreuzten Hände schützen den inneren Raum der Stille. Wenn ich einen Augenblick so stehe, weiß ich: In diesem inneren Raum kann mich niemand verletzen. Es ist das innere Heiligtum, in dem die Verletzungen, die mir das Leben schlägt, ausheilen. Es ist ein Raum, in dem ich geschützt bin vor den mich bedrängenden Erwartungen der Menschen.

In der Religionsgeschichte sind die Priester (beziehungsweise die Priesterinnen) stets Hüter und Schützer des Heiligen. In der Taufe werden alle Christen zu priesterlichen Menschen getauft – so kommt auch ihnen die Aufgabe zu, das Heilige in allen Menschen zu schützen.

Darin sehe ich für die Menschen heute eine wichtige Aufgabe, denn wenn ich das Heilige in mir schütze, werde ich auch ein Gespür haben für das Heilige in den Menschen um mich herum. Und ich werde achtsam mit dem umgehen, was anderen Menschen heilig ist. Der Priester schützt das Heilige auch vor Eindringlingen – das können zum Beispiel Emotionen oder Erwartungen anderer Menschen sein, die in mein inneres Heiligtum eintreten möchten.

Einmal hat mir eine Frau erzählt, dass in ihren Träumen ständig fremde Menschen in ihr Schlafzimmer kommen und sie stören. Diese Frau hat offenbar ihr inneres Heiligtum nicht geschützt. Sie hat sich zu sehr um andere Menschen gekümmert, die dann auch noch in ihren inneren intimen Bereich eindringen und sie nirgends mehr allein lassen.

Auch durch besondere Riten kann man das Heilige schützen. Durch Rituale verleiht man dem Heiligen einen Nimbus des Besonderen. Der innere Priester, die innere Priesterin in uns, erzeugen ein Gespür für das Heilige.

Wir brauchen heute solche Rituale, die das Heilige in uns schützen. Für die Christen ist seit dem ersten Jahrhundert das Kreuzzeichen ein solches schützendes Ritual. Es hat die Aufgabe, das Innere des Menschen zu versiegeln, damit nichts Schädliches in den Menschen und seinen inneren Kern einzudringen vermag.

Heilige Orte

Als Mose sich dem brennenden Dornbusch näherte, sprach ihn Gott an:

> »Komm nicht näher heran! Leg deine Schuhe ab; denn der Ort, wo du stehst, ist heiliger Boden.« (Ex 3,5)

Ein heiliger Ort war für die Menschen in der Frühzeit ein Ort, der von Gott erfüllt war. Die Menschen wollten im heiligen Raum nahe am Zentrum der Welt sein. Sie hofften, dadurch auch in ihr eigenes Zentrum, in ihre eigene Mitte zu kommen. Der heilige Ort war für die Menschen ein fester Punkt, der ihnen Standfestigkeit verlieh und von dem aus sie sich in der Welt orientieren konnten.

Wir mögen heute über diese Auffassung früher Völker lächeln. Dem aufgeklärten Menschen ist jeder Ort gleich. Gott wohnt überall. Das stimmt zwar theologisch, aber nicht psychologisch. Auch heute suchen Menschen nach besonderen Orten. Für den einen ist es der Wald, für einen anderen ein Berggipfel. Manche besuchen regelmäßig besondere Kraftorte. Sie haben den Eindruck, dass sie dort mit einer Kraft aufgeladen werden, die ihnen hilft, ihren Alltag zu bewältigen.

In früherer Zeit haben die Menschen an solchen Kraftorten Kultstätten errichtet. Manche Wallfahrtskirchen sind an solchen Orten gebaut worden, die eine besondere Ausstrahlung haben. Die Menschen pilgern dorthin, um zu beten. Und sie spüren, dass ihr Gebet dort heilsamer ist als anderswo. Das hat damit zu tun, dass ein Ort, an dem viel gebetet wird, auf uns heilsam wirkt. Wir spüren, dass wir dort Gott näher sind als woanders, und wir spüren, dass Gottes Nähe – auch wenn sie uns überall umgibt – dort eine besonders heilende Wirkung auf uns ausübt.

Für viele Menschen sind heute auch Klöster und Kirchen solche heiligen Orte, an denen sie Heilung für ihre Wunden erhoffen. Vor allem romanische und gotische Kirchen haben oft eine heilige und heilsame Ausstrahlung. Diese Kirchen haben wunderbare Portale. Wer durch ein kunstvoll ausgestattetes Portal bewusst in eine Kirche schreitet, der spürt, dass er einen heiligen Raum betritt.

Früher war das Übertreten einer Schwelle immer ein eigenes Ritual. Oft hat man deshalb in der Nähe des Portals den heiligen Christophorus dargestellt. Er ist der Schwellenheilige, der unseren Übergang begleitet. Er ist aber auch ein Wächter, der uns davor bewahrt, den inneren Lärm und die uns oft zerfressenden Grübeleien mit in den heiligen Raum zu nehmen.

Im Mittelalter überschritt man die Schwelle einer Kirche immer mit einem besonderen Eingangsritual. Auch heute praktizieren viele noch das Ritual, beim Betreten der Kirche Weihwasser zu nehmen und sich zu bekreuzigen. Mit diesem Schwellenritual drücken sie aus, dass sie in einen heiligen Raum eintreten, in dem sie ganz und gar von Gott angenommen sind, geschützt vor allem, was sie bedroht.

Ich kenne Menschen, die sich mitten im Trubel ihrer Alltagsarbeit gerne für einige Augenblicke in eine Kirche setzen und alle Hektik von sich abfallen lassen. In der Kirche fühlen sie sich von Gottes heilender und liebender Gegenwart eingehüllt. Hier können sie sich fallen lassen.

Die alten romanischen Kirchen wollen zum Beispiel über das Bild eines Mutterschoßes Geborgenheit vermitteln. Da kann man sich gut vorstellen, dass man im mütterlichen Schoß Gottes ruht. Das tut unserer Seele gut. Da wissen wir: Wir dürfen sein, wie wir sind, von Gottes Liebe angenommen. Keiner stellt Forderungen an uns, keiner hat Erwartungen, die wir erfüllen müssten. Wir dürfen einfach sein – geborgen und getragen von Gottes mütterlicher Liebe.

Heilige Zeiten

Für viele Menschen gibt es heute keine besonderen Zeiten mehr. Die Zeit ist einfach nur vom Terminkalender und von der Uhr bestimmt.

Für den religiösen Menschen ist die Zeit jedoch nicht immer gleich. Gott kennt vielmehr die heilige Zeit, die Zeit der Feste und die Zeit des Gebetes. Und er kennt die profane Zeit, in der sich die alltäglichen Ereignisse abspielen.

In der heiligen Zeit – so glaubten die Menschen in der Frühzeit – hat der Mensch teil an der Urzeit, die noch unverbraucht ist. Die Teilhabe an der heiligen Zeit erschafft den Menschen immer neu. Sie gibt ihm Anteil an der Vollkommenheit des Anfangs. Da taucht der Mensch ein in die »starke, frische und reine Welt des Anfangs«, wie es der Religionsphilosoph Mircea Eliade ausdrückt.[1]

Die heilige Zeit ist heute

Für uns Christen ist die heilige Zeit die Zeit, in der Jesus Christus gelebt hat. Der Evangelist Lukas beschreibt uns diese Zeit als »Heilszeit«. Und diese heilige und heilende Zeit wird immer wieder neu gegenwärtig, wenn wir in der Liturgie die Worte und Taten Jesu verkünden.

Sieben Mal benutzt Lukas das Wort »heute«, vom ersten »Heute ist euch der Heiland geboren« bis zum letzten »Heute noch wirst du mit mir im Paradiese sein«, das Jesus selbst spricht. In der Liturgie geschieht heute an uns, was damals Jesus an den Menschen gewirkt hat. Da spricht er uns an, da heilt er unsere Wunden, da tritt er ein in unser Leben, um es uns zu deuten und zu verwandeln.

In der heiligen Zeit der verschiedenen Feste im Laufe des Kirchenjahres treten wir ein in die Heilszeit Jesu. Da werden wir Zeitgenossen Jesu und dürfen das Heil erfahren, das die Jünger vor zweitausend Jahren in der konkreten Begegnung mit dem historischen Jesus erlebt haben.

Feste als heilige Zeiten

Jedes Fest ist heilige Zeit, in der die Zeit des Anfangs in unsere Zeit einfließt.

Jeder Sonntag ist heilige Zeit. Der Staat hat bisher die heilige Zeit des Sonntags geschützt. Aber es gibt heute viele Bestrebungen, diesen Schutz aufzuweichen. Schon 1957 hat Romano Guardini davor gewarnt, den Sonntag zu entwurzeln.[2] Er meinte, dadurch würde der Mensch den religiösen Halt verlieren und an die ökonomischen Mächte ausgeliefert. Er wäre nicht mehr geschützt durch das Heilige, sondern Opfer wirtschaftlicher Interessen. Er wäre dem Terror und Diktat der Wirtschaft und wirtschaftlicher Zwänge ausgeliefert. Das hätte verheerende Auswirkungen auf die Gesundheit und auf die seelische Verfasstheit der Menschen.

Rituale als heilige Zeiten

Auch Rituale können uns regelmäßig eine heilige Zeit schaffen. Wenn ich zum Beispiel morgens alleine meditiere, dann ist das für mich eine heilige Zeit. Dann weiß ich: Jetzt ruft mich niemand an. Jetzt tauche ich ein in die heilige Zeit, die allein mir und

Gott gehört. Dort bin ich frei von Terminen und Erwartungen.

Jeder braucht während des Tages ein paar Augenblicke heiliger Zeit. Sie entziehen ihn der Hektik der Arbeit. Da kann er aufatmen. Da ist er ganz er selbst. Die heilige Zeit bringt mich in Berührung mit mir selbst. Und nur wenn ich mit mir in Berührung bin, werde ich mich nicht von den äußeren Anforderungen bestimmen lassen.

Die heilige Zeit – auch wenn sie noch so kurz sein mag – ist heilsam für Leib und Seele. Sie gibt mir das Gefühl, dass ich selbst lebe und nicht von außen gelebt werde, dass ich Gott gehöre und nicht der Welt und ihren Anforderungen.

Heilige Gegenstände

Seit jeher kennen die Menschen auch heilige Gegenstände. In der Frühzeit wurden zum Beispiel heilige Steine verehrt. Die Steine drückten Dauer und Kraft aus, Widerstandsfähigkeit und Schwere. Von heiligen Steinen erhofften sich die Menschen, dass sie in der Brüchigkeit ihrer eigenen Existenz teilhaben könnten an der Festigkeit und Kraft Gottes. In gleicher Weise kennen viele Religionen auch heilige Bäume.

Das Christentum hat dieses alte Wissen um heilige Gegenstände nicht als heidnisch abgetan, sondern es gleichsam getauft. Was die Menschen vom heiligen Baum erwarteten, das haben die Christen im Kreuz Jesu Christi verwirklicht gesehen. Das Kreuz ist der Lebensbaum, der Himmel und Erde verbindet. Er verwurzelt uns in der Liebe Gottes, die im Kreuz Jesu offenbar geworden ist. Und er öffnet uns den Himmel.

Das Kreuz ist Symbol für die Einheit aller Gegensätze. Es zeigt uns, dass alles Gegensätzliche in uns von Gott geliebt wird, dass es nichts in uns gibt, das von dieser Liebe Gottes ausgeschlossen ist. Das christliche Volk hat an vielen Wegen Kreuze errichtet. Durch diese sollten die Wanderer daran erinnert werden, dass die ganze Welt durch Christi Tod am Kreuz geheiligt und erlöst worden ist, dass es nichts mehr in ihrem Leben gibt, das nicht von Gottes Liebe umfangen ist.

Viele tragen heute an einer Halskette einen Kreuz-Anhänger. Es ist für sie ein Zeichen, dass Christus mit ihnen geht, dass sie geschützt sind vor Unheil und Schaden. Und es erinnert sie immer wieder daran, dass sie geliebt werden.

Krankenhausseelsorger haben mir erzählt, dass sich schwerkranke Menschen oft an das Kreuz klammern, das ihnen Verwandte ans Krankenbett gebracht haben. Sie halten sich daran fest, um in ihrer Krankheit Halt und Trost zu erfahren, um leibhaft erfahren zu dürfen: Auch in meinem Leid ist Christus bei mir. Ich bin nicht allein gelassen. Seine Liebe vermag auch mein Leid zu verwandeln. Auch mir gilt die Verheißung der Auferstehung.

Im Mittelalter war die Verehrung der Reliquien heiliger Menschen sehr beliebt. Wenn ein Bischof aus Rom Reliquien bedeutender Heiliger mitbrachte, entstand oft eine Wallfahrt. So war es zum Beispiel in Köln, als die Reliquien der Heiligen Drei Könige dorthin übertragen wurden, oder in Neuss, als im Jahre 1050 die Reliquien des heiligen Quirinus dorthin gebracht wurden – Neuss wurde daraufhin zu einem der bedeutendsten Wallfahrtsorte am Rhein.

Die Menschen wollten damals den Heiligen in ihrer Nähe spüren und wie er Gottes heilende Kraft erfahren. Wir mögen uns heute über diese Art der Frömmigkeit wundern. Doch auch in unserer Zeit gibt es durchaus ähnliche Bewegungen: Wir brauchen nur den Kult um Prominente, wie Musikstars, Schauspieler oder Sportler, anzuschauen. Dort geschieht das Gleiche: Die Anhänger wollen unbedingt etwas berühren, was sie berührt haben.

Wir wissen, dass es letztlich nicht um diese Gegenstände an sich geht, sondern um Gott, der uns mit seiner heilenden Liebe berühren möchte. Aber die Menschen brauchen die konkrete Vermittlung der göttlichen Liebe.

Und für viele geschieht das durch heilige Gegenstände. Für den einen ist es das Kreuz, das er um den Hals trägt, für den andern eine Medaille mit dem Bild eines Heiligen oder ein Rosenkranz, den er immer bei sich hat.

Ich erlebe, dass heute wieder mehr Menschen das Bedürfnis haben, Gegenstände segnen zu lassen. Sie bitten mich, die Kerze, die sie gekauft haben, zu segnen, oder ein Kreuz, eine Ikone, einen Ring. Sie möchten Gottes heilige und heilende Nähe durch den geweihten Gegenstand leibhaft erfahren.

Heilige Handlungen

Ebenso kennen alle Religionen heilige Handlungen, die nach einer festgelegten Ordnung vollzogen werden. Da gibt es Prozessionen, in denen man einem Götterbild folgt und es durch den Ort oder durch die Natur trägt, um damit die ganze Welt zu heiligen. Die katholische Kirche hat diese Sehnsucht, die die Menschen mit der Prozession verbanden, in der Fronleichnamsprozession aufgegriffen. Da wird in der Monstranz das in den Leib Christi verwandelte Brot durch die Straßen der Stadt getragen, um zu bekennen: Christus hat durch seine Menschwerdung die ganze Welt geheiligt. Alle Bereiche dieser Welt sind von Gottes heiliger und heilender Gegenwart erfüllt.

Manche Orte kennen besondere Traditionen von Prozessionen. In Lohr am Main gibt es beispielsweise die Karfreitagsprozession, an der viele Menschen teilnehmen. In Echternach gibt es die Springprozession, die heute viele Schaulustige anzieht.

Was fasziniert die Menschen an diesen Prozessionen? Ist es nur die Neugier? Oder ist es vielleicht doch die Sehnsucht, dass da in unserer Welt etwas vollzogen wird, was den Gesetzen dieser Welt, was der Nützlichkeit und Wirtschaftlichkeit widerspricht? Ich glaube, viele Menschen spüren, dass in diesem heiligen Tun etwas anderes einbricht in diese Welt, etwas Heiliges, das unserer Welt guttut, und etwas, das uns im Alltag verlorengegangen ist.

Heilige Handlungen sind auch die vielen Rituale, die in jedem Gottesdienst vollzogen werden, sowie die sieben Sakramente, die an den Übergängen des Lebens gefeiert werden. Alle Religionen kennen solche Übergangsrituale. Man gestaltet diese Zeiten durch besondere Rituale, damit die gefährlichen oder schwierigen Übergänge wie Geburt, Pubertät, Hochzeit und Tod gelingen.

In ihren Ritualen haben die Menschen der Frühzeit das Tun der Götter nachgeahmt. Die Götter haben ihnen vorgemacht, wie das Leben gelingt. In den Ritualen drückten die Menschen nun ihre Hoffnung aus, dass auch ihr Leben glücken möge.

Wir Christen feiern in den sieben Sakramenten, dass Jesus Christus uns seine Hand reicht, damit uns der Übergang gelingt und damit wir teilhaben an seinem Weg, der über die Bedrängnis des Kreuzes zur Auferstehung und in die Freiheit und Weite des göttlichen Lebens führte.

Rituale öffnen die Türe zum Heiligen. Wenn wir durch ein Ritual ins Heilige eintreten, entkommen wir dem Diktat der Welt. Wir tauchen ein in eine Welt, die nicht von der Kosten-Nutzen-Rechnung geprägt ist.

Die christliche Spiritualität kennt – ähnlich wie die spirituellen Wege anderer Religionen – nicht nur die heiligen Handlungen im Gottesdienst oder an den Übergängen des Lebens. Vielmehr versteht sie alles menschliche Tun als heiliges Tun, also auch das Arbeiten, das Essen und Trinken, das Bauen eines Hauses, das Schlafengehen und das Aufwachen, das Waschen und Anziehen.

Daher werden alle Tätigkeiten durch Rituale zu heiligen Handlungen. Das Essen ist durch das Ritual des Tischgebetes Teil des Mahls, das Jesus immer wieder mit seinen Jüngern gehalten hat. Das Morgenritual lässt in unserem Aufstehen etwas anklingen von der Auferstehung Jesu.

Rituale deuteten schon immer die Handlungen: In jedem Waschen wird deutlich, dass Gott uns von allem inneren und äußeren Schmutz reinigt. Im Anziehen ahnen die Menschen, dass Gott uns wunderbar kleidet.

Es täte uns gut, wenn wir in allem, was wir tun, etwas vom heiligen und heilenden Handeln Gottes zu spüren versuchten und dadurch an uns erfahren würden.

Heilige Personen

In der Frühzeit waren es ganz bestimmte Menschen, die man als heilige Personen ansah: Priester, Medizinmänner, Zauberer, Propheten, Schamanen.

Die christliche Tradition kennt die Heiligen. Diese sind Menschen, die durch ihr Leben Heiligkeit ausgestrahlt haben. Jedoch: Die Heiligen sind keine perfekten Menschen, sondern Menschen, die sich auch in ihren Fehlern und Schwächen Gott geöffnet haben und sich von Gottes heiliger und heilender Liebe durchdringen ließen.

In den Heiligen wird deutlich, dass Gott auch schwache und hinfällige Menschen heiligt. Wenn wir Heilige verehren, dann nicht, um sie auf einen unerreichbar hohen Sockel zu heben, sondern um zu bekennen: So wie Gott die Wunden dieses Menschen geheilt hat, so wird er auch meine Verletzungen heilen und mich durch seine Liebe verwandeln.

Es gibt auch heute Menschen, denen man in ihrer persönlichen Ausstrahlung das Heilige ansieht. Man spürt, dass sie von Gott durchdrungen sind. Wenn man mit ihnen spricht, hat man teil am Heiligen, das durch sie hindurchstrahlt.

Wir sehnen uns heute nach solchen heiligen Männern und Frauen. Doch die Gefahr besteht, dass wir unsere Sehnsucht nach dem Heiligen auf Menschen richten und sie dadurch mit einem Nimbus versehen, der ihnen nicht zusteht. Wir sehen nicht mehr den konkreten Menschen mit seinen Fehlern und Schwächen, sondern projizieren unsere Sehnsucht nach dem Vollkommenen und Heilen auf ihn. Wenn jemand diese Projektion sorglos annimmt und sich mit ihr identifiziert, wird er unter Umständen leicht blind für seine Schattenseiten und für seine eigene Bedürftigkeit. Und die Menschen, die ihn als Heiligen verehren, machen sich von ihm abhängig, anstatt ihren Blick von ihm weg auf das Heilige in sich selbst zu richten.

Der heilige Paulus spricht die Adressaten seiner Briefe als Heilige an. Die Christen sind heilig, weil sie durch die Taufe der irdischen Existenz entrissen und in den göttlichen Bereich eingetaucht sind. Sie haben den Heiligen Geist empfangen und sind daher heilig. Es ist wichtig, dass wir uns von der Bibel immer wieder daran erinnern lassen: Wir alle sind heilig. Wir haben etwas Heiliges in uns, etwas, das dem Zugriff der Welt entzogen ist.

Wir sind nicht in dem Sinne heilig, dass wir perfekt und fehlerlos sind, oder dass wir uns über andere stellen könnten. Wir sind heilig, weil Gottes heiliger Geist in uns ist. Und dort wo Gottes Geist in uns ist, sind wir heil und ganz.

Es tut uns gut, uns in unserer Brüchigkeit immer wieder daran erinnern zu lassen: Neben unseren Fehlern und Schwächen haben wir etwas Heiliges in uns. Das Heilige in uns bringt uns in Berührung mit dem ursprünglichen, unberührten, makellosen und einzigartigen Bild Gottes in uns. Es zeigt uns, dass etwas in uns ganz ist und heil, lauter und rein.

Heilige Werte

Viele Menschen sprechen heute vom Werteverlust und vom Wertewandel. Viele Werte, die den Menschen früher heilig waren, gelten nicht mehr. Aber auch heute gibt es genügend Werte, die den Menschen heilig sind.

Bei einer Umfrage, was ihnen heilig sei, antworteten Jugendliche, dass ihnen Geborgenheit, Angenommenwerden, Liebe, Friede, Vertrauen, Zuverlässigkeit und Ehrlichkeit heilig sind. Sie erwarten von diesen Werten, dass sie ihnen Halt und Sicherheit geben. Sie spüren, dass ohne diese Werte das Leben nicht gelingt.

Werte machen das Leben wertvoll. Der englische Ausdruck für »Wert« – »value« – kommt von dem lateinischen Wort »valere«, das »gesund sein, sich wohlfühlen«, aber auch »kräftig sein, Einfluss haben« bedeutet. Werte sind zweifellos eine Quelle von Kraft und Gesundheit. Ohne Werte, die uns heilig sind, werden wir nicht heil und ganz.

Die moderne Psychologie hat ein neues Gespür für die Bedeutung heiliger Werte entwickelt. Der amerikanische Psychologe Abraham Maslow spricht von Seins-Werten, für die es sich lohnt zu leben und sein Leben hinzugeben. Es sind Werte, die über uns hinausweisen, die größer sind als wir selbst. Diese heiligen Werte sind für Maslow vor allem: das Wahre, das Gute und Schöne, die Gerechtigkeit, die Vollkommenheit und die Liebe.

Wer diese Werte nicht berücksichtigt, wird krank. Wenn er sie erfüllt, so erlebt er – wie Maslow sagt – »höchste Freude und höchstes Glück«. Doch die Werte verlangen vom Menschen auch Anerkennung, Verehrung und Opfer. Maslow schreibt: »Es lohnt sich, für sie zu leben und für sie zu sterben. Sich in sie zu versenken und mit ihnen zu verschmelzen, ist das höchste Glück, dessen der Mensch fähig ist.«[3]

Wir brauchen heilige Werte, um unser Menschsein authentisch leben zu können. Sie gehören zu unserem Wesen. Wenn wir sie als heilig und unantastbar anerkennen und sie zu verwirklichen suchen, gewinnt unser Leben eine neue Tiefendimension. Die Werte, die uns heilig sind, erinnern uns daran, dass in uns etwas Heiliges und Heiles ist, welches der Macht der Welt entzogen ist.

Der Schutz des Heiligen

Ob es nun heilige Zeiten, heilige Gegenstände, heilige Personen oder heilige Werte sind, sie alle möchten uns helfen, das Heilige in uns zu entdecken. Wenn wir das Heilige in uns finden, dann werden wir es auch in den Menschen erkennen.

Das Heilige in uns, in jedem Menschen, der uns begegnet, zu entdecken, zu achten und zu schützen, ist Auftrag an jeden von uns.

Es ist ein Auftrag, nach dem die Welt sich heute sehnt. Denn ohne das Heilige in jedem Menschen vermag sich das Heilende und Heilsame in dieser Welt nicht durchzusetzen.

Anmerkungen

1 Mircea Eliade, Die Religionen und das Heilige, Elemente der Religionsgeschichte, Salzburg 1959.

2 Romano Guardini, Der Sonntag, gestern, heute und immer, Mainz 1992.

3 Abraham Maslow, Eine Theorie der Metamotivation, in: Psychologie in der Wende, hrsg. v. Roger N. Walsh und Frances Vaugham, München 1985, 143–152.